AF273696

CARTA 1
La vida corriente como camino de santidad

JOSEMARÍA ESCRIVÁ DE BALAGUER

CARTA 1
La vida corriente como camino de santidad

Edición preparada por
LUIS CANO

EDICIONES RIALP
MADRID

© 2024 *by* Scriptor S. A.,
EDICIONES RIALP, S. A.,
Manuel Uribe 13-15, 28033 Madrid
(www.rialp.com)

Preimpresión: produccioneditorial.com

ISBN (edición impresa): 978-84-321-6634-1
Depósito legal: M-33210-2023

Impreso en España   *Printed in Spain*
Anzos, S. L. - Fuenlabrada (Madrid)

ÍNDICE

NOTA DEL EDITOR

Recogemos en este libro un escrito de san Josemaría que describe, en sus rasgos fundamentales, el carisma recibido el 2 de octubre de 1928 sobre la llamada de los fieles laicos a la santidad en medio del mundo y al compromiso evangelizador en favor de toda la Iglesia.

Ha sido ya publicado con el n.º 1 en el libro *Cartas (I)*, editado por Rialp en 2020.

Forma parte de un conjunto de documentos que su autor llamó *Cartas* en cursiva, para distinguirlas de las misivas de su epistolario. Aunque suelen centrarse en la exposición de un tema, no son "tratados". Se pueden considerar un género literario particular de san Josemaría, donde emplea el estilo de una *conversación* familiar que el fundador mantiene con los miembros del Opus Dei de todos los tiempos. El tono es semejante al que empleaba en las tertulias con personas de la Obra, en las que les transmitía de viva voz el espíritu, la historia y las tradiciones de la institución a la que dedicó su vida.

La clara intención de estas *Cartas,* como las de aquellas reuniones, era comunicar su visión de la vida cristiana, para ayudar a los lectores, para darles ideas claras, para estimularles a una mayor fidelidad a Jesucristo y empujarles a una acción evangelizadora sin fronteras; y también para explicarles por qué el Opus Dei es como es.

Son enseñanzas de gran riqueza, en las que encontramos reflexiones maduras sobre múltiples cuestiones: desde la importancia de la humildad en la vida espiritual, hasta el espíritu de servicio y honradez con que deben actuar los cristianos —y cualquier persona de buena voluntad— en la vida social. La modernidad de algunos de sus planteamientos sorprende, como el espíritu de diálogo y de amor a la libertad en el trato con los no creyentes, o el ilusionante panorama de una vida comprometida con la misión evangelizadora de la Iglesia, radicada en la intimidad con Jesucristo y a la vez en un optimista amor al mundo y a las actividades seculares.

Son *Cartas* que quieren transmitir enseñanzas perennes y maduras, que san Josemaría recogió a lo largo de una vida, desde sus primeros años de sacerdocio y que fue trascribiendo en apuntes, fichas, esbozos más o menos desarrollados... Acabados otros trabajos que le urgían

más, quiso dar a la imprenta todo ese material
—actualizando y completando su redacción—, en
los años sesenta del siglo XX, pero deseó poner
también una fecha antigua, en este caso el 24 de
marzo de 1930.

El discurso no sigue un esquema rígido
y va alternando registros: pasa del comentario
profundo de una escena evangélica a la anécdota
chispeante; del tono jocoso al exigente: de un
recuerdo del pasado a planteamientos de futuro,
que resultan actuales todavía hoy.

La presente *carta*, designada también por su
íncipit latino como *Singuli dies*, es relativamente
breve, en comparación con los demás escritos
de este mismo género que se están publicando.
Pero sorprende la densidad de sus contenidos, y
la claridad y vibración con que san Josemaría de-
linea los rasgos esenciales del carisma recibido.
Destacan los siguientes temas:

a) Los fieles del Opus Dei son instrumen-
tos en las manos de Dios para llamar a todos a la
santidad (§§ 1-3). Como Jesús, su misión implica
tener el corazón «en la muchedumbre, en todas
las gentes» pues esa es «la razón de la llamada
divina», que han recibido (cfr. §1). A través de
ellos y ellas, Dios quiere llegar a todos los hombres y mujeres de la Tierra, sin discriminación
ninguna: «Hemos venido a decir (...) que a todos
nos llama el Señor, que de todos espera Amor: de

todos, estén donde estén; de todos, cualquiera que sea su estado, su profesión o su oficio» (§ 2). La misión apostólica recibida no se dirige a un grupo de privilegiados, sino a la entera humanidad, con una actitud de ayuda, que parte de la escucha y la comprensión: «no hay criatura humana que no amemos, que no tratemos de ayudar y de comprender» (§ 2).

b) Esta llamada a la santidad y al apostolado tiene como marco la vida ordinaria, y se desenvuelve en medio del cumplimiento de los deberes profesionales, familiares, etc., acciones pequeñas, normalmente, realizadas con naturalidad y esfuerzo, sin llamar la atención, porque los cristianos deben actuar –como enseñó el mismo Jesucristo– como levadura dentro de la masa (§§ 4-19). La comprensión por todos, a la que aludía en el § 2, lleva a orientar la misión apostólica y la vida entera como un servicio a los demás; por eso escribe: «Comprender a todos para servir a todos» (§ 10).

c) La humildad es el fundamento de todo progreso espiritual; humildad que, en el Opus Dei, es tanto personal como colectiva, y lleva a comportarse en todo momento con rectitud de intención y naturalidad (§§ 20-21). Su ideal es vivir «cara a Dios, no cara a los hombres» (§ 20).

d) La conciencia de la misión recibida impulsa a los miembros del Opus Dei a procurar acercar muchas personas a Cristo, mediante el apostolado personal (§§ 22-23). Se trata de iluminar las vidas y las tareas humanas con la claridad y el colorido del amor de Dios por sus criaturas: «Hemos de llenar de luz el mundo» (§ 22), afirma. «A todas las gentes habéis de decir: también a vosotros os busca Cristo» (§ 22).

Incluimos el prólogo escrito por Fernando Ocáriz, prelado del Opus Dei, que introduce la edición de las cuatro primeras cartas.

PRÓLOGO

Me produce una gran alegría el comienzo de la edición pública de las *Cartas* que san Josemaría escribió para los miembros del Opus Dei. Han pasado más de noventa años desde el 2 de octubre de 1928, día en que el Señor lo llamó para que fundara la Obra. Nueve décadas son muchas para la vida de una persona; en cambio, de ordinario no sucede lo mismo con una institución querida por Dios para su Iglesia.

San Josemaría hizo referencia, en cierto momento, a la historicidad propia de un carisma que está destinado a ser fecundo a lo largo del tiempo: «Permanece inconmovible el meollo, la esencia, el espíritu, pero evolucionan los modos de decir y de hacer, siempre viejos y nuevos, siempre santos»[1]. En este juego de identidad y dinamismo se expresa también la fidelidad a un espíritu que busca dar

---

[1] *Carta* 27, § 56.

vida en todas las épocas. Las *Cartas* que ahora se empiezan a publicar constituyen un valioso material para esta tarea ya que, de alguna manera, nos acercan a aquella fecha fundacional.

Durante los primeros años treinta del siglo pasado, san Josemaría se esforzaba por compaginar con su dedicación a la Obra, que daba sus primeros pasos, el resto de su trabajo pastoral, académico y su contribución al sostenimiento económico de su familia. Sabemos que la puesta en marcha del Opus Dei no fue una tarea sencilla: el mensaje que debía difundir —la llamada a la santidad en medio del mundo y tomando ocasión del mundo— no estaba en aquellos años veinte y treinta universalmente reconocido; es más, chocaba con la mentalidad más común. Se trataba de abrir a hombres y mujeres «los caminos divinos de la tierra», de mostrar que los nobles quehaceres humanos podían ser recorridos en comunión con Dios de modo que fueran también caminos de santidad.

Un día de abril de 1933 escribió: «Dios mío: ya lo ves; suspiro por vivir sólo para tu Obra, y en lo espiritual dirigir toda mi vida interior a la formación de mis hijos, con ejercicios, pláticas, meditaciones, cartas, etc.»[2]. El fundador se sirvió de la predicación oral y de los escritos

---

[2] *Apuntes íntimos*, n.º 1723.

como modo de profundizar y de transmitir el mensaje de santidad en la vida ordinaria. Entre los textos que se han conservado, destacan los que denominó *Instrucciones* y también los que llamó *Cartas*: ambos recogen consideraciones espirituales y prácticas en las que explica la naturaleza y los apostolados del Opus Dei[3]. Ahora ven la luz las cuatro primeras *Cartas* pastorales, gestadas precisamente durante esos años en Madrid aunque —como se explica en el presente estudio— trabajadas definitivamente en Roma, años más tarde, cuando adquirieron su forma actual.

San Josemaría preparaba una posible edición de las *Cartas* cuando el Señor le llamó a su gloria. Y dejó indicado a sus sucesores que las difundieran cuando la prudencia se lo aconsejase. Mi predecesor, Mons. Javier Echevarría, tomó la decisión de iniciar el proceso de publicación hace casi diez años. Ahora, después de diversos trabajos y estudios sobre el entero ciclo de estos textos —un *corpus* de escritos inéditos de varios millares de páginas—, se ha podido comenzar su publicación, que seguirá a lo largo

---

[3] Cfr. José Luis ILLANES, "Obra escrita y predicación de san Josemaría Escrivá de Balaguer", SetD 3 (2009), p. 218; Id., «Cartas (obra inédita)», en DJE, pp. 204-211; Luis CANO, «Instrucciones (obra inédita)», en *ibíd*, pp. 650-655.

de los próximos años. Este trabajo se encuadra
dentro de la Colección de Obras Completas de
San Josemaría, en edición crítica anotada, enco-
mendada al Instituto Histórico San Josemaría
Escrivá, con sede en Roma.

Las *Cartas* están dirigidas expresamente
a los miembros del Opus Dei, pero iluminan
todo el itinerario de la vida cristiana, con es-
pecial referencia a las incidencias y los valores
de la vida en el mundo. Por eso san Josemaría
previó que, cuando fuese oportuno, se hicieran
accesibles a todas las personas interesadas en
conocer y vivir el mensaje de santidad en la
propia existencia.

Estos textos desarrollan ampliamente los ele-
mentos fundamentales del espíritu del Opus Dei,
ya enunciados, con estilo distinto, en *Consideraciones Espirituales* y en *Camino* publicados
entre 1932 y 1939. Y de todos, con mayor o
menor extensión según los casos, se encuentran
ecos en su predicación de aquellos años y de los
sucesivos. En las cuatro *Cartas* que ahora se pu-
blican, se tratan con la fuerza que caracterizó la
predicación de san Josemaría, temas nucleares
de la llamada universal a la santidad y al apostolado en la vida ordinaria, y de sus múltiples
implicaciones doctrinales y existenciales: la
santificación del trabajo profesional, la vida de
oración con la aspiración a ser contemplativos

en medio del mundo, la inspiración cristiana de las realidades sociales, la libertad y responsabilidad del cristiano en sus actuaciones temporales, el valor humano y cristiano de la amistad. Esos y otros aspectos aparecen enraizados en lo más hondo y perenne de la vida cristiana: la filiación divina, la unión con Jesucristo en la Eucaristía y en la oración, la devoción a María Santísima, la conciencia de la vocación recibida con el bautismo y reforzada por la práctica sacramental, el amor a la Iglesia con la adhesión filial al Romano Pontífice y a todos los obispos en comunión con él.

Quisiera dar las gracias a los miembros del Instituto Histórico que han preparado con esmero esta edición de las primeras cuatro *Cartas*, así como a quienes se encuentran trabajando en la publicación de las siguientes. Más de una vez el lector se conmoverá con la lectura de estos escritos, que nos dan a conocer los pensamientos y deseos que ocupaban el corazón y la mente de san Josemaría. El eco de sus primeros años como fundador del Opus Dei está presente de modo vibrante en estas páginas. Algunas traen a la mente las conversaciones que, desde el principio, mantenía con quienes se acercaban a él; momentos que en Roma, años después, dieron lugar a tertulias en las que pasaba de un tema a otro para dar luz a quienes le escuchábamos, o en las que nos contaba detalles de la historia del Opus Dei. A su intercesión acudo para que nos ayude a profundizar en nuestro amor a Dios, a la Iglesia y a cada persona.

Roma, 28 de noviembre de 2019
Aniversario de la erección del Opus Dei
en Prelatura personal

Mons. FERNANDO OCÁRIZ
Prelado del Opus Dei

CARTA 1

[Sobre la vida corriente como camino de santidad, también conocida por el íncipit *Singuli dies*; está fechada el 24 de marzo de 1930 y fue impresa por primera vez en enero de 1966]

Todos los días, hijos queridísimos, deben presen-   1
ciar nuestro afán por cumplir la misión divina
que, por su misericordia, nos ha encomendado
el Señor. El corazón del Señor es corazón de
misericordia, que se compadece de los hombres y se acerca a ellos. Nuestra entrega, al servicio de las almas, es una manifestación de esa
misericordia del Señor, no sólo hacia nosotros,
sino hacia la humanidad toda. Porque nos ha
llamado a santificarnos en la vida corriente,
diaria; y a que enseñemos a los demás —*provi-*
dentes, non coacte, sed spontanee secundum Deum[1],
prudentemente, sin coacción; espontáneamen-
te, según la voluntad de Dios— el camino para
santificarse cada uno en su estado, en medio
del mundo.

---

[1] *1 P* 5,2 (Vg).

Vio Jesús a la muchedumbre —nos cuenta el Evangelio—, *y tuvo misericordia de ella*[2]. Hijos míos, el Señor tiene puestos los ojos y el corazón en la muchedumbre, en todas las gentes; nosotros también, como Jesús: ésa es la razón de la llamada divina, que hemos recibido.

La perfección cristiana es para todos

2   Hemos de estar siempre de cara a la muchedumbre, porque no hay criatura humana que no amemos, que no tratemos de ayudar y de comprender. Nos interesan todos, porque todos tienen un alma que salvar, porque a todos podemos llevar, en nombre de Dios, una invitación para que busquen en el mundo la perfección cristiana, repitiéndoles: *estote ergo vos perfecti, sicut et Pater vester caelestis perfectus est*[3]; sed perfectos, como lo es vuestro Padre celestial.

Siguieron a Cristo los mártires, pero no ellos solos, escribía San Agustín; y continuaba con un estilo gráfico, pero barroco: *hay en el jardín del Señor no sólo las rosas de los mártires, sino los lirios de las vírgenes, y la hiedra de los casados, y las violetas de las viudas. Queridísimos, que nadie*

---

[2] *Mc* 6,34.
[3] *Mt* 5,48.

deseśpere de su vocación: por todos ha muerto Cristo[4].

¡Con cuánta fuerza ha hecho resonar el Señor esa verdad, al inspirar su Obra! Hemos venido a decir, con la humildad de quien se sabe pecador y poca cosa —*homo peccator sum*[5], decimos con Pedro—, pero con la fe de quien se deja guiar por la mano de Dios, que la santidad no es cosa para privilegiados: que a todos nos llama el Señor, que de todos espera Amor: de todos, estén donde estén; de todos, cualquiera que sea su estado, su profesión o su oficio. Porque esa vida corriente, ordinaria, sin apariencia, puede ser medio de santidad: no es necesario abandonar el propio estado en el mundo, para buscar a Dios, si el Señor no da a un alma la vocación religiosa, ya que todos los caminos de la tierra pueden ser ocasión de un encuentro con Cristo.

Es el nuestro un camino con muy diversas maneras de pensar en lo temporal —en el terreno profesional, en el científico, en el político, en el económico, etc.—, con libertad personal y con la consiguiente responsabilidad también personal, que nadie puede atribuir a la Iglesia de Dios ni a la Obra, y con la que cada uno sabe valiente y lógicamente cargar. Por eso, nuestra diversidad

---

[4] S. Agustín de Hipona, *Sermo* 304, 2 (PL 38, col. 1396).
[5] *Lc* 5,8.

no es, para la Obra, un problema: por el contrario, es una manifestación de buen espíritu, de vida corporativa limpia, de respeto a la legítima libertad de cada uno, porque *ubi autem Spiritus Domini, ibi libertas*[6]; donde está el Espíritu del Señor, allí hay libertad.

3   Quisiera que, al considerar estas cosas en la presencia de Dios, se os llenara el corazón de agradecimiento y, a la vez, de afán apostólico, de deseos de llevar a las gentes la noticia de esa caridad de Cristo. No lo olvidéis: dar doctrina es la gran misión nuestra.

En esto consiste el gran apostolado de la Obra: mostrar a esa multitud, que nos espera, cuál es la senda que lleva derecha hacia Dios. Por eso, hijos míos, os habéis de saber llamados a esa tarea divina de proclamar las misericordias del Señor: *misericordias Domini in aeternum cantabo*[7], cantaré eternamente las misericordias del Señor.

Dar a conocer esa llamada a todos los hombres

4   Os he dicho, desde el primer día, que Dios no espera de nosotros cosas extraordinarias, singulares; y que quiere que llevemos esta bendita

---

[6] *2 Co* 3,17.
[7] *Sal* 89[88],2.

llamada divina por todo el mundo, y que invitéis a muchos a seguirla. Pero nuestro proselitismo* hemos de hacerlo con sencillez, con el ejemplo de nuestra conducta: mostrando que muchos —si no todos— pueden, con la gracia de Dios, convertir en camino divino la vida ordinaria y corriente, del mismo modo que vosotros habéis sabido hacer divina vuestra vida, también corriente y ordinaria.

Nuestro modo de ser ha de estar empapado de naturalidad, para que se nos puedan aplicar aquellas palabras de la Sagrada Escritura: *había un varón en la tierra de Hus llamado Job, y era sencillo y recto, y amaba a Dios, y se apartaba del mal*[8]. Como esta sencillez cristalina, que hemos de procurar que haya en nosotros, no puede ser simpleza —sin misterio ni secreto, que no los necesitamos ni los necesitaremos jamás—, tened en cuenta lo que se lee en el Eclesiástico: *non communices homini indocto, ne male de progenie*

---

* *«proselitismo»:* este término, que durante siglos ha sido sinónimo de propagación del Evangelio, tiene un significado preciso para san Josemaría, inspirado en la Escritura y en la Tradición de la Iglesia: contagiar a los demás el amor a Jesucristo y los deseos de entregarse a su servicio, con delicado respeto de su libertad (N. del E.).

[8] *Jb* 1,1.

tua loquatur[9]; no hables de tus cosas particulares con un hombre ignorante, para que no diga mal de tu linaje.

5   La misión sobrenatural que hemos recibido no nos lleva a distinguirnos y a separarnos de los demás; nos lleva a unirnos a todos, porque somos *iguales* que los otros ciudadanos de nuestra patria. Somos, repito, iguales a los demás —no, *como* los demás— y tenemos en común con ellos las preocupaciones de ciudadano, de la profesión o del oficio que nos es propio, las otras ocupaciones, el ambiente, el modo externo de vestir y de obrar. Somos hombres o mujeres corrientes, que en nada nos diferenciamos de nuestros compañeros y colegas, de los que conviven con nosotros en nuestro ambiente y en nuestra condición.

   Me gusta hablar en parábolas, y más de una vez he comparado esa misión nuestra, siguiendo el ejemplo del Señor, a la de la levadura que, desde dentro de la masa[10], la fermenta hasta convertirla en pan bueno. He gozado, en mis temporadas de verano, cuando era chico, viendo hacer el pan. Entonces no pretendía sacar consecuencias sobrenaturales: me interesaba porque las sirvientas

---

[9] *Si* 8,5.
[10] Cfr. *Mt* 13,33.

me traían *un gallo*, hecho con aquella masa. Ahora recuerdo con alegría toda la ceremonia: era un verdadero rito preparar bien la levadura —una pella de pasta fermentada, proveniente de la hornada anterior—, que se agregaba al agua y a la harina cernida. Hecha la mezcla y amasada, la cubrían con una manta y, así abrigada, la dejaban reposar hasta que se hinchaba a no poder más. Luego, metida a trozos en el horno, salía aquel pan bueno, lleno de ojos, maravilloso. Porque la levadura estaba bien conservada y preparada, se dejaba deshacer —desaparecer— en medio de aquella cantidad, de aquella *muchedumbre*, que le debía la calidad y la importancia.

Que se llene de alegría nuestro corazón pensando en ser eso: levadura que hace fermentar la masa. Nuestra vida no es egoísta: es un luchar en primera línea, es meternos en el torrente de la sociedad, pasando inadvertidos; y llegar a todos los corazones, haciendo en todos ellos la gran labor de transformarlos en buen pan, que sea la paz —la alegría y la paz— de todas las familias, de todos los pueblos: *iustitia, et pax, et gaudium in Spiritu Sancto*[11]; justicia, paz y gozo en el Espíritu Santo.

Pero, para ser levadura, es necesaria una condición: que paséis inadvertidos. La levadura

---

[11] *Rm* 14, 17.

no surte efecto si no se mete en la masa, si no se confunde con ella. No me cansaré de repetiros, hijos míos, que no debéis distinguiros en nada de los demás; que vuestra aspiración debe ser la de permanecer donde estábamos, siendo lo que somos: cristianos corrientes, personas que hacen una vida ordinaria y sencilla.

Primeros cristianos

6   Contemplando vuestras vidas, parecen cobrar realidad nueva las palabras que se escribieron en los comienzos del Cristianismo: *los cristianos no se distinguen de los demás hombres ni por su tierra, ni por su habla, ni por sus costumbres. Porque ni habitan en ciudades exclusivamente suyas, ni hablan una lengua extraña, ni llevan un género de vida aparte de los demás. A la verdad, la doctrina que viven no ha sido inventada por ellos, sino que habitando en ciudades griegas o bárbaras, según la suerte que a cada uno le cupo, y adaptándose en vestido, comida y demás género de vida a los usos y costumbres de cada país, dan muestras de un peculiar tenor de conducta, admirable y, según confiesan todos, sorprendente*[12].

Pero, sobre todo, tengamos presente el ejemplo de Cristo: *habiendo nacido Jesús en Belén*

---

[12] *Ad Diognetum,* 5, 1-4 (SC 33, p. 63).

de Judá, bajo el reinado de Herodes, he aquí que unos Magos vinieron desde Oriente a Jerusalén, preguntando: ¿dónde está el que ha nacido, rey de los judíos? Nosotros hemos visto en Oriente su estrella y hemos venido con la intención de adorarle. Al oír esto el rey Herodes se turbó, y con él toda Jerusalén[13].

Se asustan, se sorprenden: no sabían que el Salvador estaba ya entre ellos. Un rey que pasa inadvertido; un rey que es Dios y pasa inadvertido. La lección de Jesucristo es que debemos convivir entre los demás de nuestra condición social, de nuestra profesión u oficio, desconocidos, como uno de tantos.

No desconocidos por nuestro trabajo, ni desconocidos porque no destaquéis por vuestros talentos; sino desconocidos, porque no hay necesidad de que sepan que sois almas entregadas a Dios. Que lo experimenten, que se sientan ayudados a ser limpios y nobles, al ver vuestra conducta llena de respeto para la legítima libertad de todos; al escuchar de vuestros labios la doctrina, subrayada por vuestro ejemplo coherente; pero que vuestra dedicación al servicio de Dios pase oculta, inadvertida, como pasó inadvertida la vida de Jesús en sus primeros treinta años.

---

[13] *Mt* 2, 1-3.

Sencillez, sin secreto alguno

7   Habéis de vivir con sencillez —os he dicho—, con discreción, vuestra amorosa entrega al Señor; debéis estar prevenidos contra la curiosidad agresiva de algunos, y tratar con delicadeza extrema todo lo que se refiere a la intimidad de vuestra vida apostólica.

Aunque sé que no os hace falta, porque conocéis bien el espíritu que Dios nos pide que vivamos, quiero hacer una advertencia: discreción no es misterio, ni secreteo; es, sencillamente, naturalidad. En la Obra nunca hemos tenido, ni tendremos, ningún secreto, insisto: no nos hacen falta.

Abomino del secreto. Cuando alguna vez una persona ha venido a mí y me ha dicho: le voy a hablar en secreto, le he respondido: pues póngase de rodillas, que a mí no me gusta más secreto que el del Sacramento de la penitencia. Usted, si quiere, se confía a un amigo y a un caballero; si no, de rodillas y en confesión.

8   Lo que nos pide el Señor es naturalidad: si somos cristianos corrientes, almas entregadas a Dios en medio del mundo —en el mundo y del mundo, pero sin ser mundanos—, no podemos comportarnos de otro modo: hacer cosas que en otros son raras, serían raras también en nosotros.

Sabéis bien que he prohibido que nuestra entrega tenga especiales manifestaciones externas: no hay ninguna razón para que llevemos uniformes o insignias.

Respeto a los que piensan que, para ser buen cristiano, hace falta ponerse al cuello una docena de escapularios o de medallas. Tengo mucha devoción a los escapularios y a las medallas, pero tengo más devoción a tener doctrina, a que la gente adquiera conocimiento profundo de la religión.

De este modo no es necesario, para demostrar que se es cristiano, adornarse con un puñado de distintivos, porque el cristianismo se manifestará con sencillez en las vidas de los que conocen su fe y luchan por ponerla en práctica, en el esfuerzo por portarse bien, en la alegría con que tratan de las cosas de Dios, en la ilusión con que viven la caridad.

En nosotros, no obrar así sería olvidar la esencia misma de nuestra divina llamada, porque entonces ya no seríamos personas corrientes: nos habríamos separado de la masa, y habríamos dejado de ser levadura. Una sola cosa ha de distinguirnos: *que no nos distinguimos*. Por eso, para algunas personas amigas de llamar la atención, o de hacer payasadas, somos raros, porque no somos raros.

Santificar la vida corriente

9   Vuestra vida y la mía tienen que ser así de vulga-
res: procuramos hacer bien —todos los días— las
mismas cosas que tenemos obligación de vivir; rea-
lizamos en el mundo nuestra misión divina, cum-
pliendo el pequeño deber de cada instante. Mejor,
esforzándonos por cumplirlo, porque a veces no lo
conseguiremos y, al llegar la noche, en el examen
tendremos que decir al Señor: no te ofrezco virtudes; hoy sólo puedo ofrecerte defectos, pero, con
tu gracia, llegaré a poder llamarme vencedor.

Nuestra vida sobrenatural, *nuestro endiosamiento*, no nos debe llevar a la necedad de pensar
que no tenemos errores: muchas veces sólo tendremos imperfecciones, contra las que luchamos
con la gracia de Dios y con el empeño de nuestra
voluntad. Esa lucha, esa perseverancia en la tarea
sobrenatural de hacer divina la vida ordinaria, es
lo que nos pide el Señor, por la llamada específi-
ca que de Él hemos recibido.

10 Nuestro camino no es de mártires —si el martirio
viene, lo recibiremos como un tesoro—, sino de
confesores de la fe: confesar nuestra fe, manifestar
nuestra fe en nuestra vida diaria. Porque los socios[*]

---

[*] *«socios»*: hoy se prefiere denominarles "miembros"
o "fieles". | *«opportune et importune»*: «con oportunidad y
sin ella», cfr. 2 Tm 4,2. (N. del E.)

de la Obra viven la vida corriente, la misma vida que sus compañeros de ambiente y de profesión. Pero en el trabajo ordinario hemos de manifestar siempre la caridad ordenada, el deseo y la realidad de hacer perfecta por amor nuestra tarea; la convivencia con todos, para llevarlos *opportune et importune*, con la ayuda del Señor y con garbo humano, a la vida cristiana, y aun a la perfección cristiana en el mundo; el desprendimiento de las cosas de la tierra, la pobreza personal amada y vivida.

Hemos de tener presente la importancia santificadora del trabajo y sentir la necesidad de comprender a todos para servir a todos, sabiéndonos hijos del Padre Nuestro que está en los cielos, y uniendo —de un modo que acaba por ser connatural— la vida contemplativa con la activa: porque así lo exige el espíritu de la Obra y así lo facilita la gracia de Dios, a quienes generosamente le sirven en esta divina llamada.

Habéis de acercar las almas a Dios con la palabra conveniente, que despierta horizontes de apostolado; con el consejo discreto, que ayuda a enfocar cristianamente un problema; con la conversación amable, que enseña a vivir la caridad: mediante un apostolado que he llamado alguna vez de amistad y de confidencia.   11

Pero habéis de atraer sobre todo con el ejemplo de la integridad de vuestras vidas, con la afirmación —humilde y audaz a un tiempo— de vivir cristianamente entre vuestros iguales, con una manera ordinaria, pero coherente; manifestando, en nuestras obras, nuestra fe: ésa será, con la ayuda de Dios, la razón de nuestra eficacia.

No tengáis miedo al mundo: somos del mundo y, unidos a Dios, si vivimos nuestro espíritu, nada puede dañarnos. Quizá, en ocasiones, entre gentes alejadas de Dios, nuestra conducta cristiana pueda chocar: habréis de tener la valentía, apoyados en la omnipotencia divina, de ser fieles.

Pido para mis hijos la fortaleza de espíritu que les haga capaces de llevar consigo su propio ambiente; porque un hijo de Dios, en su Obra, debe ser como una brasa encendida, que pega fuego dondequiera que esté, o por lo menos eleva la temperatura espiritual de los que le rodean, arrastrándolos a vivir una intensa vida cristiana.

Perfección en lo ordinario

12   En cambio, si alguna vez viniera la tentación de hacer cosas raras y extraordinarias, vencedla: porque, para nosotros, ese modo de obrar es equivocación, descamino. Lo diré con un ejemplo que probablemente os divertirá. Pensad en

que vais a un hotel y pedís una pescadilla. Pasan unos minutos, y el camarero os trae un plato: al mirarlo, advertís con sorpresa que no es una pescadilla, sino una serpiente. Tal vez uno de esos grandes taumaturgos, que admiro y cuya vida está llena de milagros, hubiera reaccionado dando una bendición y convirtiendo el reptil en una merluza bien guisada. Esa actitud me merece todo el respeto, pero no es la nuestra.

Lo nuestro es llamar al camarero y decirle claramente: esto es una porquería, lléveselo y tráigame lo que le he pedido. O también, si hay razones que lo aconsejen, podemos hacer un acto de mortificación y comernos la culebra, sabiendo que es culebra, ofreciéndolo a Dios. En realidad cabría una tercera postura: llamar al camarero y darle un par de bofetadas; pero ésa tampoco es una solución nuestra, porque sería una falta de caridad.

Hijos míos, lo extraordinario nuestro es lo ordinario: lo ordinario hecho con perfección. Sonreír siempre, pasando por alto —también con elegancia humana— las cosas que molestan, que fastidian: ser generosos sin tasa. En una palabra, hacer de nuestra vida corriente una continua oración.

Otros tienen diverso espíritu, ése que podríamos llamar del gran taumaturgo: me parece bien, lo admiro, pero no lo imitaré nunca. Nuestro espíritu es espíritu de providencia ordinaria.

Mayor milagro es que todos los días se cumplan las leyes que rigen la naturaleza, que el hecho de que alguna vez se dé una excepción. No seáis amigos de milagrerías: el milagro de la Obra consiste en saber hacer, de la prosa pequeña de cada día, endecasílabos, verso heroico.

13　Muy claro está, pues, nuestro camino: las cosas pequeñas. Se puede comparar nuestra vida, siendo nosotros hombres duros y fuertes, a la de un niño pequeño —lo habréis visto tantas veces— a quien llevan de paseo por el campo, y recoge una florecilla, y otra, y otra. Flores pequeñas y humildes, que pasan inadvertidas a los grandes, pero que él —como es niño— ve, y las reúne hasta formar un ramillete, para ofrecerlo a su madre, que le mira con mirada de amor.

　　　Somos niños delante de Dios, y si consideramos así nuestra vida ordinaria, en apariencia siempre igual, veremos que las horas de nuestras jornadas se animan, que están llenas de maravillas, diversas entre sí y todas hermosas. Basta no cerrar los ojos a la luz divina, porque el Señor nos está hablando constantemente en mil pequeños detalles de cada día.

14　En esa vida corriente, mientras vamos por la tierra adelante con nuestros compañeros de profesión o de oficio —como dice el refrán castellano cada oveja con su pareja, que así es nuestra vida—, Dios Nuestro Padre nos da la ocasión de ejercitarnos en todas las virtudes, de practicar la caridad, la fortaleza, la justicia, la sinceridad, la templanza, la pobreza, la humildad, la obediencia... Os lo diré con San Juan Crisóstomo que, dirigiéndose a quienes soñaban con practicar las virtudes en ocasiones difíciles, en la plaza pública, les recordaba cómo *todo eso podemos ejercitarlo en nuestra misma casa: con los amigos, con la mujer, con los hijos. Empecemos por algo sencillo: por ejemplo, por no jurar. Practiquemos esa ciencia espiritual en nuestra propia casa. En verdad que no faltarán quienes vengan a estorbarnos: el criado os irrita, la mujer os saca de quicio con sus momentos de mal humor, el chiquillo os tienta a prorrumpir en amenazas y reniegos con sus travesuras y rebeldías. Pues bien, si en casa, aguijoneados constantemente por todo eso, lográis no dejaros arrastrar a jurar, fácilmente saldréis indemnes también en la plaza pública*[14].

Puedo contaros también otra anécdota sencilla y clara. Hace algunos años —antes de que Dios quisiera su Obra—, conocía a una persona ya mayor que solía dejar la ropa desordenada,

---

[14] S. Juan Crisóstomo, *In Matthaeum Homilia* 11, 8 (PG 57, col. 201).

tirada por aquí y por allá. Cuando alguien se lo hacía notar, comentaba: la ropa es para mí, y no yo para la ropa. Después, cuando Dios me llamó a su Obra, al recordar aquel suceso, comprendí que la ropa, que las cosas de que me sirvo, no son para mí; o mejor, que son para mí, por Dios: que me permiten vivir la pobreza, usándolas con cuidado, haciéndolas rendir.

Mortificación en lo ordinario.
El verdadero espíritu de penitencia

15 Nos ha llamado el Señor a su Obra, para que seamos santos; y no seremos santos, si no nos unimos a Cristo en la Cruz: no hay santidad sin cruz, sin mortificación. Donde más fácilmente encontraremos la mortificación es en las cosas ordinarias y corrientes: en el trabajo intenso, constante y ordenado; sabiendo que el mejor espíritu de sacrificio es la perseverancia en acabar con perfección la labor comenzada; en la puntualidad, llenando de minutos heroicos el día; en el cuidado de las cosas, que tenemos y usamos; en el afán de servicio, que nos hace cumplir con exactitud los deberes más pequeños; y en los detalles de caridad, para hacer amable a todos el camino de santidad en el mundo: una sonrisa puede ser, a veces, la mejor muestra de nuestro espíritu de penitencia.

En cambio, hijos míos, no es espíritu de penitencia el de aquél que hace unos días grandes sacrificios, y deja de mortificarse los siguientes. Tiene espíritu de penitencia el que sabe vencerse todos los días, ofreciendo al Señor, sin espectáculo, mil cosas pequeñas. Ese es el amor sacrificado, que espera Dios de nosotros.

Sabemos también que las tentaciones que hay que temer no son tanto grandes batallas, sino más bien *las pequeñas raposas que destruyen la viña*[15], porque *el que no presta atención a lo poco, caerá en la miseria*[16]. Sólo así lograremos *que este cuerpo corruptible sea revestido de incorruptibilidad, y que este cuerpo mortal sea revestido de inmortalidad*[17].

Y os he enseñado que nuestro modo sobrenatural de proceder debe llevarnos a colocar la lucha en detalles pequeños —el orden en el trabajo, la puntualidad en el plan de vida, la fidelidad a los deberes de estado o del oficio, que se presentan en cada instante—, de tal modo que ahí, en nuestras *batallas de niño*, se canse y se desgaste el enemigo.

16

---

[15] *Ct* 2,15.
[15] *Si* 19,1.
[17] *1 Co* 15,53.

Contemplativos en medio del mundo

17 Si en las cosas pequeñas está nuestra lucha, de ellas hemos de tomar ocasión para nuestro diálogo con Dios. Es posible que haya quienes, como hombres fuertes, a los que basta hacer sólo una gran comida al día, mantengan la tensión interior gracias a un largo rato de oración; nosotros somos niños que necesitan, para mantenerse, de muchas pequeñas comidas: tenemos siempre necesidad de nuevo alimento.

Cada día debe haber algún rato dedicado especialmente al trato con Dios, pero sin olvidar que nuestra oración ha de ser constante, como el latir del corazón: jaculatorias, actos de amor, acciones de gracias, actos de desagravio, comuniones espirituales. Al caminar por la calle, al cerrar o abrir una puerta, al divisar en la lejanía el campanario de una iglesia, al comenzar nuestros quehaceres, al hacerlos y al terminarlos, todo lo referimos al Señor. Estamos obligados a hacer de nuestra vida ordinaria una continuada oración, porque somos almas contemplativas en medio de todos los caminos del mundo.

18 He querido, hijos queridísimos, describiros algunos rasgos de nuestro modo de santificar la vida ordinaria, convirtiéndola en medio y ocasión de santidad propia y ajena. Lograremos ese fin, si

tenemos presente esta condición: que cuidemos la importancia de las cosas pequeñas.

Viene bien recordar la historia de aquel personaje* imaginado por un escritor francés, que pretendía cazar leones en los pasillos de su casa y, naturalmente, no los encontraba. Nuestra vida es común y corriente: pretender servir al Señor con cosas grandes sería como intentar ir a la caza de leones en los pasillos. Igual que el cazador del cuento, acabaríamos con las manos vacías: las cosas grandes, de ordinario, se presentan sólo en la imaginación, rara vez en la realidad.

En cambio, a lo largo de la vida, si nos mueve el Amor, cuánto detalle encontraremos que se puede cuidar, cuánta ocasión de hacer un pequeño servicio, cuánta contradicción —sin importancia— sabremos avalorar. Pequeñas cosas que cuestan y que se ofrecen por un motivo concreto: la Iglesia, el Papa, tus hermanos, todas las almas.

Hijos míos, os lo repito una vez más: habríamos errado el camino si despreciáramos las cosas pequeñas. En este mundo todo lo grande es una suma de cosas pequeñas. Que os fijéis en lo pequeño, que estéis en los detalles. No es obsesión, no es manía: es cariño, amor

---

* *«aquel personaje»*: alude al protagonista de la novela *Tartarín de Tarascón* (1872), de Alphonse Daudet (1840-1897) (N. del E.).

virginal, sentido sobrenatural en todo momento, y caridad. Sed siempre fieles en las cosas
pequeñas por Amor, con rectitud de intención,
sin esperar en la tierra una sonrisa, ni una mirada de agradecimiento.

19   Si vivís así, haréis con vuestra vida un apostolado fecundo, y mereceréis al fin del camino el
elogio de Jesús: *quia super pauca fuisti fidelis, super
multa te constituam: intra in gaudium domini tui*[18];
ya que has sido fiel en lo poco, en las cosas pequeñas, yo te entregaré lo mucho: entra en el
gozo de tu Señor.

    Nuestra vida es sencilla, ordinaria, pero si
la vivís conforme a las exigencias de nuestro espíritu será a la vez heroica. No es nunca la santidad cosa mediocre, y no nos ha llamado el Señor
para hacer más fácil, menos heroico, el caminar
hacia Él. Nos ha llamado para que recordemos a
todos que, en cualquier estado y condición, en
medio de los afanes nobles de la tierra, pueden
ser santos: que la santidad es cosa asequible. Y
a la vez, para que proclamemos que la meta es
bien alta: *sed perfectos, como vuestro Padre celestial es
perfecto*[19]. Nuestra vida es el heroísmo de la perseverancia en lo corriente, en lo de todos los días.

---

[18] *Mt* 25,21.
[19] *Mt* 5,48.

No es algo sin valor la vida habitual. Si hacer todos los días las mismas cosas puede parecer chato, plano, sin alicientes, es porque falta amor. Cuando hay amor, cada nuevo día tiene otro color, otra vibración, otra armonía. Que hagáis todo por Amor. No nos cansemos de amar a nuestro Dios: tenemos necesidad de aprovechar todos los segundos de nuestra pobre vida para servir a todas las criaturas, por amor a Nuestro Señor, porque el tiempo de la vida mortal es siempre poco para amar, es corto como el viento que pasa[20].

Alguno puede tal vez imaginar que en la vida ordinaria hay poco que ofrecer a Dios: pequeñeces, naderías. Un niño pequeño, queriendo agradar a su padre, le ofrece lo que tiene: un soldadito de plomo descabezado, un carrete sin hilo, unas piedrecitas, dos botones: todo lo que tiene *de valor* en sus bolsillos, sus *tesoros*. Y el padre no considera la puerilidad del regalo: lo agradece y estrecha al hijo contra su corazón, con inmensa ternura. Obremos así con Dios, que esas niñerías —esas pequeñeces— se hacen *cosas grandes*, porque es grande el amor: eso es lo nuestro, hacer heroicos por Amor los pequeños detalles de cada día, de cada instante.

---

[20] Cfr. *Jb* 7,7.

Humildad personal y colectiva

20 Seamos humildes, busquemos sólo la gloria de Dios: porque nuestra vida de entrega, callada y oculta, debe ser una constante manifestación de humildad. La humildad es el fundamento de nuestra vida, medio y condición de eficacia. La soberbia y la vanidad pueden presentar como atrayente la vocación de farol de fiesta popular, que brilla y se mueve, que está a la vista de todos; pero que, en realidad, dura sólo una noche y muere sin dejar nada tras de sí.

Aspirad más bien a quemaros en un rincón, como esas lámparas que acompañan al Sagrario en la penumbra de un oratorio, eficaces a los ojos de Dios; y, sin hacer alarde, acompañad también a los hombres —vuestros amigos, vuestros colegas, vuestros parientes, ¡vuestros hermanos!— con vuestro ejemplo, con vuestra doctrina, con vuestro trabajo y con vuestra serenidad y con vuestra alegría.

Vita vestra est abscondita cum Christo in Deo[21]; vivid cara a Dios, no cara a los hombres. Esa ha sido y será siempre la aspiración de la Obra: vivir sin gloria humana; y no olvidéis que, en un primer momento, me hubiera gustado incluso que la Obra no tuviera ni nombre, para que su

---

[21] *Col* 3,3.

historia la conociera sólo Dios: pero, como abo-
minamos del secreto y queremos trabajar siempre dentro de los límites de la ley, en cada país,
no podremos dejar de emplear un nombre.

Esa debe ser también la aspiración de
cada uno de vosotros, hijos míos: pasar inadvertidos, imitar a Cristo, que permaneció
oculto treinta años siendo sencillamente *el hijo
del artesano*[22]; imitar a María que, siendo Madre de Dios, gusta de llamarse su esclava: *ecce
ancilla Domini*[23].

El Señor nos quiere humildes: esa humildad no   21
significa que no lleguéis a donde debéis llegar
en el terreno profesional, en el trabajo ordinario, y, desde luego, en la vida espiritual. Es preciso llegar, pero sin buscaros a vosotros mismos,
con rectitud de intención. No vivimos para la
tierra, ni para nuestra honra, sino para la honra
de Dios, para la gloria de Dios, para el servicio de
Dios: sólo esto nos mueve.

Dios se ha querido servir de vosotros, de
vuestra lucha por alcanzar la santidad e incluso
de vuestros talentos humanos. Recordad siempre el mandato de Cristo: *que brille vuestra luz
ante los hombres, de manera que vean vuestras obras*

---

[22] *Mt* 13,55.
[23] *Lc* 1,38.

buenas y glorifiquen a vuestro Padre que está en los cielos[24]. Para Él toda la gloria, todo el honor: *soli Deo honor et gloria in saecula saeculorum*[25], sólo a Dios hemos de dar el honor y la gloria, por los siglos sin fin.

No dejéis de meditar las palabras del Apóstol: *ahora bien, ¿quién es Apolo?, ¿quién es Pablo? Simples ministros de aquél en quien habéis creído, y cada uno según el don que le concedió el Señor. Yo planté, Apolo regó, pero Dios es quien ha hecho crecer. Y así ni el que planta es algo, ni el que riega, sino Dios que ha dado el incremento*[26].

No olvidéis que es señal de predilección divina pasar ocultos. A mí me enamora el texto del Evangelio en que San Juan, al describir un grupo de los discípulos, nos dice: *hallábanse juntos Simón Pedro y Tomás, llamado Dídimo, y Natanael, que era de Caná de Galilea, y los hijos de Zebedeo, y otros dos discípulos*[27]. Tengo una gran simpatía a *esos dos*, de los que ni siquiera se sabe el nombre, porque pasan inadvertidos. Me da una gran alegría pensar que se puede vivir toda una vida de este modo: ser apóstol, ocultarse y desaparecer. Aunque a veces cueste, es muy her-

---

[24] *Mt* 5,16.
[25] *1 Tm* 1,17.
[26] *1 Co* 3,4-7.
[27] *Jn* 21,2.

moso desaparecer: *Illum oportet crescere, me autem minui*[28].

Conciencia de la misión divina recibida con la vocación

Hijos míos, tenemos mucho que hacer en el mundo: el Señor nos ha dado una misión divina. Desde el primer día os he invitado a agradecer esta muestra de predilección soberana, esta llamada divina en servicio de todos los hombres: Dios nos pide que el afán apostólico llene nuestros corazones, que nos olvidemos de nosotros mismos, para ocuparnos —con gustoso sacrificio— de la humanidad entera. La mayor parte de los que tienen problemas personales, los tienen por el egoísmo de pensar en sí mismos. ¡Darse, darse, darse! Darse a los demás, servir a los demás por amor de Dios: ése es el camino.

22

Hemos de llenar de luz el mundo, porque el nuestro ha de ser un servicio hecho con alegría. Que donde haya un hijo de Dios en su Obra no falte ese buen humor, que es fruto de la paz interior. De la paz interior, y de la entrega: el darse al servicio de los demás es de tal eficacia, que Dios lo premia con una humildad llena de gozo espiritual.

---

[28] *Jn* 3,30.

Nada puede producir mayor satisfacción que el llevar tantas almas a la luz y al calor de Cristo. Personas a las que nadie ha enseñado a valorar su vida corriente, para quienes lo ordinario parece vano y sin sentido, que no aciertan a comprender y a pasmarse ante esa gran verdad: Jesucristo se ha preocupado de nosotros, hasta de los más pequeños, hasta de los más insignificantes. A todas las gentes habéis de decir: también a vosotros os busca Cristo, como buscó a los primeros doce, como buscó a la mujer samaritana, como buscó a Zaqueo; como al paralítico: *surge et ambula*[29], levántate que el Señor te espera; como al hijo de la viuda de Naín: *tibi dico, surge!*[30], a ti te lo digo, levántate de tu comodidad, de tu poltronería, de tu muerte.

Dios hace a algunos otra llamada —que yo amo y venero, aunque no es la mía ni la vuestra—, y les invita a salirse del mundo; pero a la gran mayoría de los cristianos los quiere en el lugar donde estaban, en su sitio, en su ambiente, en su profesión, para que sigan siendo gente corriente y a la vez *luz del mundo, sal de la tierra*[31].

---

[29] Cfr. *Mc* 2,9.
[30] *Lc* 7,14.
[31] *Mt* 5,13-14.

Hijos míos, fe. Considerad lo que escribe San   23
Pablo a los de Corinto: *modicum fermentum totam
massam corrumpit*[32], un poco de levadura hace
fermentar toda la masa. Permaneced unidos en
el amor de Dios, en el trato confiado con Jesús,
en la devoción filial a María Santísima. Si sois
fieles, como fruto de vuestra entrega callada y
humilde, el Señor —por vuestras manos— obrará
maravillas. Se volverá a vivir aquel pasaje de San
Lucas: *regresaron los setenta y dos discípulos llenos de
gozo, diciendo: Señor, hasta los demonios mismos se
sujetan a nosotros, por la virtud de tu nombre*[33].

Hijos míos: *date, et dabitur vobis: mensuram
bonam, et confertam, et coagitatam, et supereffluentem
dabunt in sinum vestrum*[34]; dad y se os dará una
buena medida, apretada y bien colmada hasta
que se derrame. Dad mucho y tendréis mucho:
comprended, y acabaremos siendo comprendi-
dos; quered bien a todos, y acabaremos siendo
amados de todos.

Escuchad siempre en vuestro corazón
aquel clamor del Señor, que ha removido tantas almas, también la mía: *ignem veni mittere in
terram, et quid volo nisi ut accendatur?*[35]; he veni-

---

[32] *1 Co* 5,6.
[33] *Lc* 10,17.
[34] *Lc* 6,38.
[35] *Lc* 12,49.

do a traer fuego a la tierra, ¿y qué quiero sino que arda? Encendidos en ese fuego divino vosotros y yo, veremos cómo se acrisola nuestra vida: cómo aprendemos a luchar contra nuestros errores, a adquirir la perfección cristiana, el *buen endiosamiento*.

Sólo así, con Amor —caridad de Cristo— y con la humildad del conocimiento propio, podremos tener voz, para decir al Señor Nuestro, *non verbo neque lingua, sed opere et veritate*[36] —no con la lengua, sino con las obras y de verdad— que queremos seguir sus pisadas; sólo así sabremos responder a la llamada de Dios con un grito de verdadera entrega, de correspondencia a la gracia divina: *ecce ego, quia vocasti me!*[37]; ¡aquí me tienes, porque me has llamado!

Os bendice cariñosamente vuestro Padre.

Madrid, 24 de marzo de 1930

---

[36] Cfr. *1 Jn* 3,18.
[37] *1 R* 3,6.

ESTE LIBRO, PUBLICADO POR
EDICIONES RIALP, S. A.,
MANUEL URIBE 13-15, 28033 MADRID,
SE TERMINÓ DE IMPRIMIR EN
ANZOS, S. L. FUENLABRADA (MADRID),
EL DÍA 28 DE NOVIEMBRE DE 2023.